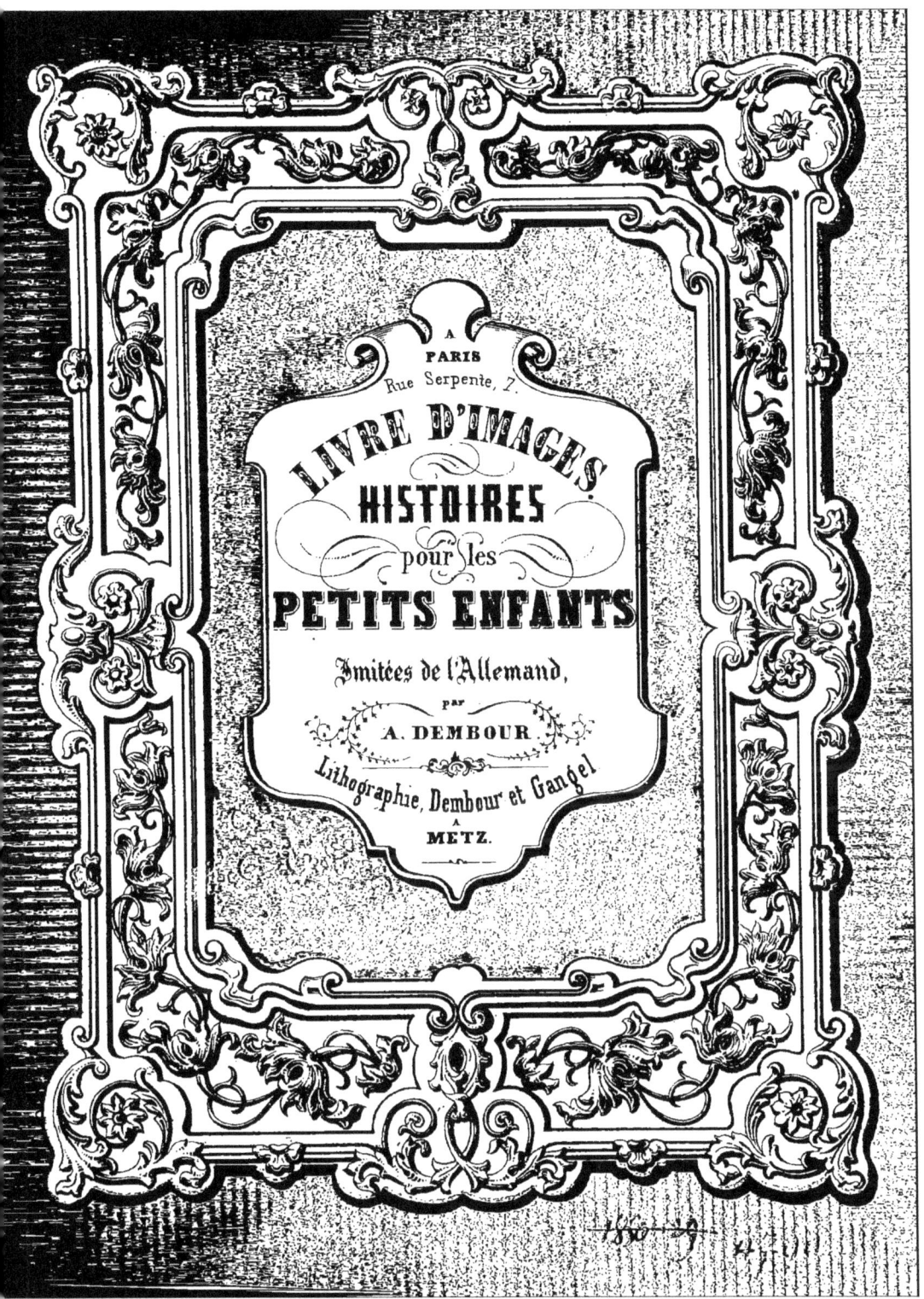

Dédié

AUX

JEUNES MÈRES ET AUX PETITS ENFANTS.

Sur un divin berceau, la plus sainte des mères
    A veillé nuit et jour.
Jésus, pour la payer de ce céleste amour,
Ne l'a point condamnée à des larmes amères.
Toujours aimable, il a fui les méchants,
Et quand il eut grandi, modèle de sagesse,
Il épancha son cœur, disant avec tendresse :
    Venez à moi, petits enfants.

                                      Les Editeurs.

1850

PIERRE LE MALPROPRE

Regardez comme ce petit garçon est affreux! il n'a pas voulu être lavé ni peigné, il criait toujours quand sa Maman voulait lui couper les cheveux et les ongles; aussi voyez dans quel état il est, regardez comme il laisse traîner ses bas! tout le monde s'écrie en le voyant: Oh! comme cet enfant est dégoûtant et malpropre! quel affreux petit garçon! il ne sera jamais aimé de personne.

HISTOIRE du MÉCHANT FRÉDÉRIC

Frédéric était un méchant petit garçon, il attrappait les mouches et leur arrachait les ailes; il prenait des nids de petits oiseaux et ne faisait pas attention aux cris plaintifs du père et de la mère. Il battait le bon Fidèle, le chien de la maison, et tirait la queue à Minette, la jolie chatte de la Maman. Il était si méchant, si méchant, qu'il battait sa bonne avec son fouet et la faisait pleurer. La Maman de Frédéric lui disait les larmes aux yeux : Mon ami, vous me faites bien de la peine de vous conduire ainsi; personne ne vous aimera si vous continuez vos colères et vos méchancetés envers les animaux. Vous êtes indocile, turbulent, et si votre bonne vous gronde vous la battez. Frédéric, mon ami, si vous ne changez pas, vous serez bien puni; regardez Adolphe comme il est bon, c'est un exemple à suivre. Il n'écouta pas les sages avis de la bonne Maman.

Ecoutez ce qui lui arriva.

Frédéric continuait toujours à être méchant. Un jour il vit un chien qui buvait à une fontaine, il croyait qu'il pourrait le battre comme il battait le bon Fidèle. Il s'approche de lui tout doucement et par derrière, il lui donne un vigoureux coup de fouet. Le chien crie et se retourne aussitôt, montrant ses longues broches à Frédéric, qui eut peur; il se retourna et se sauva, mais le chien courut après lui et lui mordit la jambe si cruellement qu'il tomba à la renverse. Il se trouvait là des personnes qui avaient vu la méchante action de Frédéric et qui eurent cependant pitié de lui; ils le portèrent chez sa Maman en lui disant: Madame, vous avez là un bien méchant enfant qui n'a que ce qu'il mérite. Oh! qui fut puni? ce fut Frédéric.

HISTOIRE FUNESTE DU BRIQUET.

La petite Pauline était restée seule à la maison. Sa Maman lui avait recommandé de s'amuser tranquillement avec ses poupées et de ne rien toucher. Elle en fit la promesse. Lorsqu'elle se trouva seule, elle sauta de joie, elle chanta, elle regarda par la fenêtre et manqua de tomber dans la rue. Elle rentra dans la chambre et vit une petite boîte. Ah! voilà le briquet de Papa, fit elle; je vais l'allumer. Comme il est beau! Raton et Minette, qui étaient restés avec elle, levaient la patte, ce qui voulait dire. Maman l'a défendu

Pauline ne fait pas attention, et crac, elle frotte. Le petit bois brûle, bien clair, bien lumineux. Oh! comme cela est joli! fit la petite fille désobéissante. Raton et Minette levaient encore la patte, ce qui voulait dire: Maman l'a défendu. Miaoùu! Miaoùu! criaient les chats fidèles, jette bien vite cela à terre, sans cela mal va t'arriver. — Oh! comme cela est joli! comme cela est clair! répétait la petite fille. — Voyez, mes enfants, ce qui arriva à Pauline la désobéissante.

Lith. de Dembour et Gangel, à Metz.

L'allumette continuait à brûler bien claire, bien pétillante, lorsque la laissant tomber, le feu prit à la robe, puis aux manches. En un instant, de grandes flammes enveloppèrent la pauvre petite. Miaoûû! miaoûû! criaient les petits chats.
— A mon secours! criait Pauline; venez à mon secours! je vais mourir. Personne n'entendit les cris déchirants que jetait la pauvre petite fille; personne ne vint à son secours, et elle fut toute consumée.

Les petits chats, qui s'étaient sauvés, revinrent, et ils criaient et pleuraient près d'un petit tas de cendres. Il ne restait plus de Pauline que ses petites bottines. Quand le Papa et la Maman revinrent, ils pleurèrent, et leurs larmes coulèrent comme un ruisseau dans un pré. Petites filles, ne touchez donc jamais à rien, et surtout aux allumettes, car il peut vous arriver le même malheur qu'à la petite Pauline.

HISTOIRE DE L'ENFANT NOIR.

Devant la porte d'une maison, passait un petit nègre jadis esclave; il allait en commission pour ses maîtres, et comme il faisait chaud, il avait pris un parasol, comme c'est l'usage dans son pays. Il se dépêchait, il trottait, il courait, car il savait bien qu'il ne faut pas rester longtemps pour les commissions dont on est chargé. Accourent derrière lui le petit Louis, un drapeau à la main, Gaspard, son ami, avec un cerceau, et Charles le tapageur, avec son tambour. Tous ces trois garnements criaient après le petit noir et se moquaient de lui comme si c'était sa faute d'être venu au monde dans le pays des noirs.

Lith. Dembour et Gangel, à Metz.

Le pauvre petit noir se dépêchait toujours, allant droit son chemin sans oser dire quelques mots à ces petits garçons, qui le poursuivaient de leurs cris. Mais comme Dieu punit les méchants, au détour d'une rue, apparaît devant eux le puissant Misiropitikoff qui, prenant le petit noir sous sa protection, s'adresse aux petits garçons en les mettant sous ses bras nerveux Mauvais enfants qui vous moquez ainsi de ce pauvre noir, je vais en faire autant pour vous, et vous porterez toute votre vie la même couleur. Grâce, criaient les petits garçons, grâce! grâce!!! Il n'écouta pas et les emporta bien loin, bien loin, puis les trempa dans sa grande chaudière les uns après les autres.

Le chasseur se réveillant
fut très surpris de ne pas trouver
son fusil ni ses lunettes, et retournait paisiblement
en sa demeure lorsqu'au détour du bois, il aperçut le lièvre qui le mettait
en joue M. Marcassin eut une grande peur et se sauva à toutes jambes Le lièvre
continuait sa chasse, accompagné d'un petit lièvre, mais il ne voyait rien à
travers les lunettes et manquait à chaque pas de se tuer avec le grand fusil,
qu'il ne pouvait manier Il avait vu le chasseur chasser, il croyait qu'il était
facile de manier une arme, tandis que cela est très dangereux pour ceux qui ne
connaissent pas le mal que cela peut faire. Enfin, il voulait à tout prix
attraper le chasseur qui l'avait manqué et courait après à perdre haleine.

Le lièvre trottait toujours après le chasseur et l'avait manqué plusieurs fois, et le chasseur se sauvait toujours, enfin il arrive près de chez lui en courant et se précipite dans un puits premier malheur M.me Marcassin, qui voyait courir son mari, était par la fenêtre, tenant une tasse de café à la main lorsque le coup partit, et la balle alla fracasser la tasse second malheur Le café brûlant se répandit sur le petit lièvre qui fut tout brûlé troisième malheur Le fusil se creva et emporta une patte du lièvre chasseur quatrième malheur
Ne faites donc pas ce que vous voyez faire, et ne vous habituez pas a singer les autres, surtout ne jouez jamais avec des armes il arriverait des malheurs

C'était un bel enfant que Gaspard, bien gras, bien rose, bien frais, il n'avait que le vilain défaut d'être entêté, et lorsqu'il avait mis quelque chose dans sa tête, on ne pouvait plus le ramener à la raison. Un jour il lui prit l'idée de ne plus manger de soupe, et c'était cette soupe, mangée tous les jours qui était cause de sa belle santé. Il fut puni, on l'enferma dans un cabinet bien noir, rien ne fit sur cette vilaine tête, Gaspard ne mangeait plus de soupe. Un mois après, Gaspard devenait maigre et jaune, et toujours il criait. Je ne veux plus de soupe, cela n'est pas bon, je n'en mangerai jamais. Cela désolait ses bons parents.

Huit jours après, Gaspard devenait toujours plus maigre. Sa bonne Maman lui disait: Mon bon ami, mange donc cette soupe elle est bien bonne et bien sucrée. Non, criait-il, je n'en veux point. Huit jours après le pauvre Gaspard était si maigre, si maigre qu'il était mince comme un fil, il n'avait plus que la peau sur les os. Enfin huit jours après, Gaspard était mort et enterré, comme vous le voyez sur cette image. Les parents de Gaspard pleurèrent beaucoup la mort de leur enfant.

Henri, vous avez touché aux confitures, vous en avez encore après les doigts et autour de la bouche, fi! cela est affreux d'être gourmand. Vous me faites beaucoup de peine, allez dans votre chambre pour votre punition. Henri, au lieu d'aller dans sa chambre, s'arrêta, il vit au-dessus d'une armoire des fruits confits enfermés dans des bocaux. Il ne se souvint plus de la morale, la maudite gourmandise le poussait, il les regarde, place un tabouret sur une chaise, monte dessus, s'élève sur ses pieds, et avait atteint le bocal, quand le tabouret fit un mouvement. Henri tomba, lâchant le bocal, qui se renversa sur lui. Il n'était pas encore corrigé, vous allez voir ce qui lui arriva.

Le lendemain, il vit des petits paquets que le Papa venait d'acheter pour faire mourir les souris et les rats Oh! les beaux petits paquets, s'écria Henri Il en ouvrit un c'est du sucre, il mit un doigt sur la poudre et le porta a sa bouche C'est du sucre, s'écria-t-il; c'est si bon le sucre, et il mit la poudre dans sa bouche Aussitôt il eut des coliques affreuses, il se tortillait en criant et pleurant La Maman, effrayée, arriva, et elle n'eut que le temps de donner à ce petit gourmand un remède qui le sauva d'une mort certaine

HISTOIRE DE PHILIPPE LE TAPAGEUR ET L'INDOCILE

Philippe était un enfant tapageur et indocile, il faisait du bruit le matin avec son tambour et réveillait la Maman frappant avec un marteau sur les meubles et il les cassait, il se balançait sans cesse à table, au risque de se casser le cou Le Papa et la Maman lui disaient tous les jours Mais Philippe, vous avez une bien mauvaise habitude de vous balancer sur votre chaise, vous tomberez, remettez-vous donc d'aplomb et ne remuez pas tant C'était l'affaire d'un moment, puis Philippe recommençait toujours et de plus belle à se balancer Vous allez voir ce qui lui arriva, pour ne pas avoir écouté le Papa et la Maman.

Lith. de Dembour et Gangel, à Metz.

Le turbulent Philippe recevait tous les jours la même leçon, et recommençait le lendemain sans se souvenir des leçons du Papa et de la Maman, sans penser que la veille il avait été puni pour cela. On était à table un jour de fête, et l'on devait aller à la promenade, Philippe était bien habillé. Voilà mon tapageur, mon remuant, qui recommence ses balancements. Finiras-tu ? lui dit encore le Papa. Il n'avait pas prononcé ces mots que, cherchant l'équilibre, il s'accroche fortement à la nappe que le Papa veut retenir mais le poids de Philippe entraîne la chaise, et il tombe sa course avec la nappe et tout ce qui était sur la table. Regardez ce qui arrive

Le malheureux Philippe est dessous la nappe, la soupe brûlante est répandue sur lui et le brûle. Ah! crie-t-il, à mon secours; Papa, Maman, venez vite me délivrer. Regardez-le dessous la nappe et voyez comme le Papa et la Maman sont désolés. Ils coururent vite à ce pauvre Philippe, mais dans quel état est il, la figure et les bras brûlés, le reste du corps écorché en plusieurs endroits, et de plus ses jolis habits bien frais, remplis de bouillon et de sauce. Ce fut une terrible punition pour cet enfant, aussi se corrigeat-il de ses mauvaises habitudes d'être remuant et tapageur.

HISTOIRE DE ROBERT

Lorsque le vent souffle avec violence ne sors pas, et encore moins avec un parapluie. Mais, Maman, vous sortez bien, disait Robert. Mon ami, je sais tenir un parapluie et je le mets toujours contre le vent. Le petit Robert voulait éprouver si les paroles de la Maman étaient vraies. Le soir un ouragan terrible se prépare. Robert prend un parapluie en cachette, se glisse dans le jardin et va dans la campagne. Le hasard fit que pour commencer sa promenade il le tint contre le vent, mais au détour du jardin, le vent retourne le parapluie. Robert tient le manche bien ferme, se sentant enlevé de terre

Robert se sentait entraîné avec une grande violence vers les régions élevées, et toujours il tenait le parapluie avec plus de force. Il était plus haut que le clocher, et son chapeau était encore plus élevé. Enfin le parapluie se retourne, le vent se calme, et mon pauvre Robert, tenant toujours le parapluie descend vers la terre; il allait tomber dans la rivière, lorsque le vent le pousse de côté et le jette enfin sur un tas de foin de la plaine. Qui fut heureux? Ce fut Robert, car son imprudence pouvait lui coûter la vie.

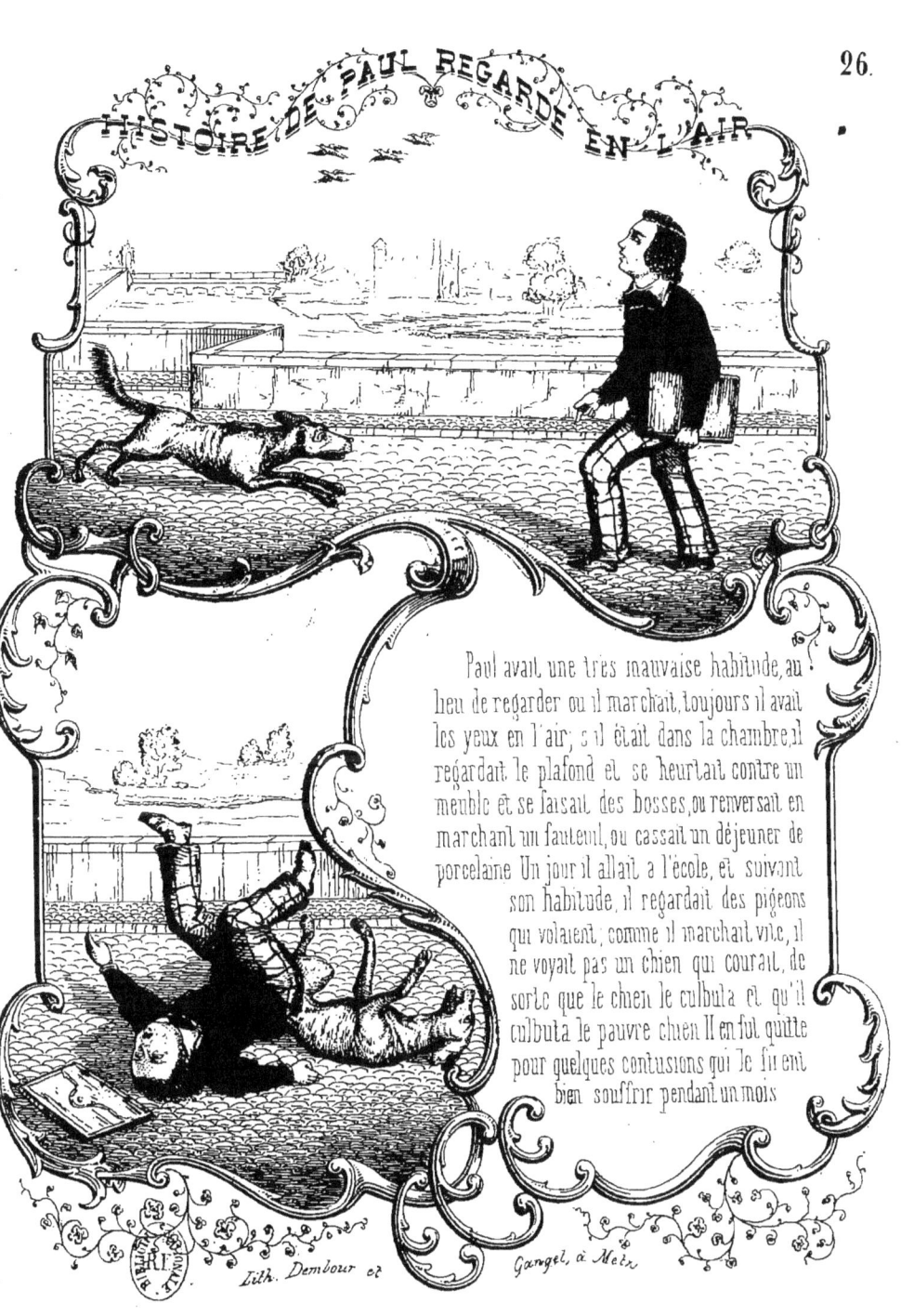

HISTOIRE DE PAUL REGARDE EN L'AIR

Paul avait une très mauvaise habitude, au lieu de regarder où il marchait, toujours il avait les yeux en l'air; s'il était dans la chambre, il regardait le plafond et se heurtait contre un meuble et se faisait des bosses, ou renversait en marchant un fauteuil, ou cassait un déjeuner de porcelaine. Un jour il allait à l'école, et suivant son habitude, il regardait des pigeons qui volaient; comme il marchait vite, il ne voyait pas un chien qui courait, de sorte que le chien le culbuta et qu'il culbuta le pauvre chien. Il en fut quitte pour quelques contusions qui le firent bien souffrir pendant un mois.

Paul avait toujours le même défaut. Un jour il allait à l'école, et comme il fallait passer sur un quai qui était sans gardefou, il allait trottant, et toujours le nez en l'air regardant les hirondelles qui revenaient voir la France. Oh! mon Dieu, voilà que Paul arrive sur le bord de la rivière, ne regardant pas l'eau, mais regardant toujours les oiseaux qui voulaient porter de la nourriture à leurs petits.

Voilà que Paul tombe à la rivière avec son carton sous le bras. La rivière était très profonde et personne ne paraissait sur le quai. Le voyez vous se débattant contre les flots qui allaient l'engloutir, et tout cela mon cher enfant, par le peu d'attention que Paul apportait à suivre les conseils de sa Maman, qui sans cesse lui disait: Paul, vous êtes un étourdi, vous ne vous corrigerez jamais de ce défaut, et vous me faites du chagrin.

Par bonheur passaient près de là des bateliers, qui voyant un grand tourbillon dans l'eau, aperçurent le corps d'un enfant qui se débattait dans les flots. Ils prirent leurs crochets et retirèrent de l'eau le corps du malheureux Paul.

Voyez-vous, mes enfants, comme Paul est mouillé, comme l'eau découle de tout son corps: voilà comme il revient à la maison, mouillé, trempé jusqu'aux os, ayant perdu son carton et ses livres. On le mit au lit, le froid qu'il avait eu lui causa une grande maladie et il ne put manger de quinze jours tant il était malade. Faites donc attention à ne pas avoir toujours le nez en l'air, et que l'exemple de Paul vous serve de leçon.

PREMIÈRE LEÇON.

Alphabet majuscule. Caractère Romain.

ABCDEFGHIJ
KLMNOPQRSTU
VXYZ   LETTRES LIÉES ENTRE-ELLES.   W Æ Œ

Alphabet minuscule. Caractère Romain.

abcdefghijklmnopq
rstuvxyz   Lettres liées entre-elles.   æ œ w

Alphabet majuscule. Caractère Italique.

ABCDEFGHIJKLMNOP
QRSTUVXYZ

Alphabet minuscule. Caractère Italique.

abcdefghijklmnopqrstuvxyz

DEUXIÈME LEÇON.

L'Alphabet se divise en Voyelles et en Consonnes.

Il y a six voyelles, qui sont :

a e i o u y.

Il y a dix-neuf consonnes, qui sont :

b c d f g h j k l m n p q r s t v x z.

On met sur quelques lettres de petits signes pour en changer la prononciation.

Accent aigu.   Accent grave.   Accent circonflexe.

Il y a quatre sortes d'**E** :

L'E muet, qui est sans accent **e**, a un son obscur et qui se prononce la bouche presque fermée, comme dans les mots : Demande, Mesure.

L'E fermé, qui a l'accent aigu **é**, se prononce la bouche tant soit peu ouverte, comme dans les mots : Vérité, Charité.

L'E ouvert, qui a l'accent grave **è**, se prononce en ouvrant la bouche, comme dans : Succès, Procès.

L'E fort ouvert, qui a l'accent circonflexe **ê**, se prononce en ouvrant la bouche, en appuyant et traînant le son, comme dans les mots : Fête, Tempête.

L'accent circonflexe se place sur les voyelles **â ê î ô û.**

L'accent grave se place aussi sur **ù** et sur **à.**

TROISIÈME LEÇON.

Le signe placé sous le Ç se nomme CÉDILLE. Il se prononce comme un S devant les voyelles a o u, comme Ça, Ço, Çu.

Les deux points placés sur les lettres ë ï ü se nomment TRÉMA. Ils avertissent qu'il faut détacher cette lettre de la voyelle précédente ou suivante, comme Po-ë-te, Ha-ï-ti, Esa-ü.

, VIRGULE. La virgule indique qu'il faut un peu se reposer.

; POINT-VIRGULE. Le point-virgule se met entre deux phrases dont l'une dépend de l'autre.

: DEUX-POINTS. Les deux-points, lorsque la phrase est suspendue.

. POINT. Le point indique que la phrase est terminée.

? POINT D'INTERROGATION. Le point d'interrogation se met à la fin d'une phrase où l'on interroge, comme quand je demande : Voulez-vous des bonbons?

! POINT EXCLAMATIF. Le point exclamatif exprime la surprise, comme quand on dit : Comme cette poire est bonne! Quel malheur!

' APOSTROPHE. L'apostrophe sert à remplacer une voyelle, comme L'image. L'oiseau d'ici.

— TRAIT-D'UNION. Le trait-d'union est un petit trait que l'on fait au bout d'une ligne pour indiquer que le mot est coupé ; il sert encore à joindre certains mots, qui sont sensés n'en faire qu'un, comme Le TOUT-PUISSANT.

Une SYLLABE est composée de voyelles et de consonnes, comme *ta, te*.

QUATRIÈME LEÇON.

LEÇON D'UNE SYLLABE.

Faire prononcer les lettres d'après la leçon précédente.

ba	bâ	be	bé	bè	bê	bi	bî	bo	bô	bu	bû
ca	câ	ce	cé	cè	cê	ci	cî	co	cô	cu	cû
da	dâ	de	dé	dè	dê	di	dî	do	dô	du	dû
fa	fâ	fe	fé	fè	fê	fi	fî	fo	fô	fu	fû
ga	gâ	ge	gé	gè	gê	gi	gî	go	gô	gu	gû
ha	hâ	he	hé	hè	hê	hi	hy	ho	hô	hu	hû
ja	jâ	je	jé	jè	jê	ji	jî	jo	jô	ju	jû
ka	kâ	ke	ké	kè	kê	ki	ky	ko	kô	ku	kû
la	lâ	le	lé	lè	lê	li	lî	lo	lô	lu	lû
ma	mâ	me	mé	mè	mê	mi	my	mo	mô	mu	mû
na	nâ	ne	né	nè	nê	ni	nî	no	nô	nu	nû
pa	pâ	pe	pé	pè	pê	pi	py	po	pô	pu	pû
qua	quâ	que	qué	què	quê	qui	quî	quo	quô	qu	qû
ra	râ	re	ré	rè	rê	ri	ry	ro	rô	ru	rû
sa	sâ	se	sé	sè	sê	si	sy	so	sô	su	sû
ta	tâ	te	té	tè	tê	ti	ty	to	tô	tu	tû
va	vâ	ve	vé	vè	vê	vi	vî	vo	vô	vu	vû
xa	xâ	xe	xé	xè	xê	xi	xî	xo	xô	xu	xû
za	zâ	ze	zé	zè	zê	zi	zy	zo	zô	zu	zû

CINQUIÈME LEÇON.

MOTS FACILES A ÉPELER DE DEUX SYLLABES.

Pa-pa,	*Papa.*	Ro-me,	*Rome.*	Ma-ri,	*Mari.*
Mi-di,	*Midi.*	Ca-ge,	*Cage.*	Lo-ge,	*Loge.*
Ra-ce,	*Race.*	La-me,	*Lame.*	Ri-ve,	*Rive.*
Mi-mi,	*Mimi.*	Ca-ve,	*Cave.*	Po-li,	*Poli.*
Mo-re,	*More.*	A-mi,	*Ami.*	Lu-ne,	*Lune.*
Ra-ve,	*Rave.*	Pa-ri,	*Pari.*	Da-me,	*Dame.*
Jo-li,	*Joli.*	Ra-ce,	*Race.*	Ro-se,	*Rose.*
Pi-le,	*Pile.*	Li-las,	*Lilas.*	Ho-là,	*Holà.*

SIXIÈME LEÇON.

MOTS A ÉPELER DE TROIS SYLLABES.

Ha,	ha-la,	ha-la-ge.	Li,	li-ma,	li-ma-ce.
Hâ,	hâ-ti,	hâ-ti-ve.	Ri,	ri-va,	ri-va-ge.
Ca,	ca-ba,	ca-ba-ne.	Ri,	ri-bo,	ri-bo-te.
Ca,	ca-ki,	ca-ki-te.	Fa,	fa-vo,	fa-vo-ri.
Ga,	ga-vo,	ga-vo-te.	Pi,	pi-lo,	pi-lo-te.
Ki,	ki-na,	ki-na-te.	Hu,	hu-mi,	hu-mi-de.
Ta,	ta-pa,	ta-pa-ge.	Cu,	cu-ba,	cu-ba-ge.
Va,	va-li,	va-li-de.	Ba,	ba-ga,	ba-ga-ge.
No,	no-ma,	no-ma-de.	Pa,	pa-ra,	pa-ra-de.
Po,	po-ta,	po-ta-ge.	Ma,	ma-la,	ma-la-de.
To,	to-pa,	to-pa-ze.	Sa,	sa-la,	sa-la-de.
So,	so-no,	so-no-re.	Tu,	tu-li,	tu-li-pe.

SEPTIÈME LEÇON.

MOTS DE QUATRE SYLLABES.

A na gra me.   Sus cep ti ble.   Gar ga ris me.   Pu bli cis te.
Char don ne ret.   Em bar ras ser.   Ar sé ni que.   Fa ri bo le.
Mo dé ré ment.   At trac ti on.   Nan tis se ment.   A dou cis sant.
Pla ti tu de.   Fri pon ne rie.   Si na pis me.   Co lon na de.

MOTS DE CINQ, SIX ET SEPT SYLLABES.

A na to mi que ment.   Ex com mu ni ca ti on.   In con si dé ré ment.
Au then ti que ment.   Gé o mé tri que ment.   Va lé tu di nai re.
A van ta geu se ment.   Par ti cu liè re ment.   Dé sin té res se ment.
Fan tas ma go rie.   Cou ra geu se ment.   Fa cul ta ti ve ment.

HUITIÈME LEÇON.

MOTS ACCENTUÉS A ÉPELER.

AVEC ACCENTS AIGUS.

Ci té,   dé jeu né,   dé lé gué,   é lé phant,   ré u ni on,   ré ga lé,
dé lié,   va rié,   dé so lé,   é té,   sé jour né,   sé nat,   bé né fi ce.

AVEC ACCENTS GRAVES.

Re mè de,   suc cès,   ac cès,   mè re,   fon driè re,   sys tè me,
hy po thè se,   car riè re,   pè re,   cè ne,   chè vre,   ar tè re,   zè le.

AVEC ACCENTS CIRCONFLEXES.

Jeû ne,   é pî tre,   tem pê te,   flû te,   fê te,   a pô tre,   gî te,
au mô ne,   in té rêt,   chô mer,   geô le,   â me,   chê ne,   î le.

AVEC TRÉMA.

Pa ï en,   Mo ï se,   Sa ül,   ha ïr,   ci gu ë,   ï am be,   po ë te.

MOTS A ÉPELER AVEC L'APOSTROPHE.

J'ai me,   l'his toi re,   l'hom me,   l'en sei gne,   l'hi ver,   c'est,
l'a mi ti é,   d'a van ce,   d'où,   d'hon neur,   quel qu'un,   s'est.

MOTS A ÉPELER AVEC Ç CÉDILLE.

Ma çon,   ha me çon,   le çon,   con çu,   fa ça de,   ger çu re,   re çu.

PRIÈRES DE L'ENFANCE.

Mon Dieu, je vous donne mon cœur, prenez-le, s'il vous plaît, afin qu'aucune créature ne puisse le posséder que vous seul.

Notre père qui êtes dans les cieux : Que votre nom soit sanctifié : Que votre règne arrive : Que votre volonté soit faite sur la terre comme au ciel : Donnez-nous au jour d'hui notre pain de chaque jour : Pardonnez-nous nos offenses comme nous pardonnons à ceux qui nous ont offensés : Et ne nous laissez point succomber à la tentation : Mais délivrez-nous du mal. Ainsi soit-il.

Mon Dieu, conservez la santé de papa, de maman, de mes frères, de mes sœurs et de tous mes parents; accordez-leur la grâce de vivre et de mourir dans votre saint amour.

Bonjour, mon bon ange, à Dieu et à vous je me recommande; si vous m'avez fait passer la nuit, faites-moi passer le jour sans mal, sans danger, sans, mon Dieu, vous offenser.

Guidez mon enfance, oh mon Dieu! dans le chemin de la vertu et de la sagesse; devenu grand, je chanterai vos louanges. Ainsi soit-il.

PETITES PHRASES.

Si je suis un bon enfant, je serai béni de Dieu et aimé de mes parents.

Le devoir d'un enfant est d'obéir à ses parents, d'être attentif à leur plaire.

Priez Dieu tous les jours, mes enfants, et il conservera la santé à vos bons parents.

Ne vous mettez jamais en colère, ne soyez pas gourmands ni menteurs, car ce sont des vices affreux.

Etudiez vos leçons avec ardeur, et aimez le travail; le paresseux est à charge à lui-même, il est malheureux toute sa vie.

Ne rapportez jamais les fautes de vos petits amis, mais dites-leur de faire mieux.

Parlez aux domestiques avec bonté, car ils sont assez malheureux d'être obligés de servir pour gagner leur vie.

Soyez charitables envers les malheureux; aimez-les, car ils sont vos frères.

Lorsque vous allez à l'église, ne regardez pas d'un côté et de l'autre; mais pensez que Dieu vous voit, et élevez vos prières vers lui, pour demander la grâce d'être toujours un bon enfant.

Ne mentez jamais; le mensonge est en abomination à Dieu. Si vous avez fait une faute, dites de suite : C'est moi, et n'y retombez plus.

Ayez de l'ordre, c'est-à-dire ne laissez pas traîner vos jouets ni vos livres; mais arrangez-les toujours à la place qui leur est désignée.

Ne soyez pas gourmand; c'est ressembler aux animaux que d'avoir ce vilain défaut.

NOTIONS UTILES.

Cent ans font un siècle.
Il y a douze mois dans un an.
Il y a trente jours dans un mois.
Trois cent soixante-cinq jours font une année.
On divise le mois en quatre semaines ; chaque semaine est composée de sept jours, qui sont : Lundi, Mardi, Mercredi, Jeudi, Vendredi, Samedi et Dimanche.
Les jours sont de vingt-quatre heures. Dans l'heure il y a soixante minutes, et dans la minute soixante secondes.

Les mois de l'année sont : Janvier, Février, Mars, Avril, Mai, Juin, Juillet, Août, Septembre, Octobre, Novembre, Décembre.
Il y a quatre saisons, qui sont : le Printemps, l'Eté, l'Automne et l'Hiver.

Il y a cinq parties du monde : l'Europe, l'Asie, l'Afrique, l'Amérique et l'Océanie.
La France, qui fait partie de l'Europe, est divisée en quatre-vingt-six départements.
Paris est la capitale de la France.

CHIFFRES.

Un.	Deux.	Trois.	Quatre.	Cinq.	Six.	Sept.	Huit.	Neuf.	Zéro.
1	2	3	4	5	6	7	8	9	0

TABLE DE NUMÉRATION.

	Chiffres arabes.	Chiffres romains.		Chiffres arabes.	Chiffres romains.
Un............	1	I	Soixante.......	60	XL
Deux..........	2	II	Soixante-dix.....	70	LXX
Trois..........	3	III	Quatre-vingt....	80	LXXX
Quatre........	4	IV	Quatre-vingt-dix..	90	XC
Cinq..........	5	V	Cent..........	100	C
Six...........	6	VI	Deux cents......	200	CC
Sept..........	7	VII	Trois cents......	300	CCC
Huit..........	8	VIII	Quatre cents....	400	CD
Neuf..........	9	IX	Cinq cents......	500	D
Dix...........	10	X	Six cents.......	600	DC
Vingt.........	20	XX	Sept cents......	700	DCC
Trente.........	30	XXX	Huit cents......	800	DCCC
Quarante.......	40	XL	Neuf cents......	900	CM
Cinquante......	50	L	Mille..........	1000	M

Un chiffre.	Deux chiffres.	Trois chiffres.	Quatre chiffres.	Cinq chiffres.	Six chiffres.
1	10	100	1 000	10 000	100 000
Unité.	Dizaine.	Centaine.	Mille.	Dizaine de mille.	Centaine de mille.

Sept chiffres.	Huit chiffres.	Neuf chiffres.	Dix chiffres.
1 000 000	10 000 000	100 000 000	1 000 000 000
Million.	Dizaine de million.	Centaine de million.	Milliard.